Impressum
Verlag: BABADADA GmbH, Nedderfeld 112 , 22529 Hamburg
Geschäftsführer / Verlagsleitung: Harald Hof
Druck: Books on Demand GmbH, In de Tarpen 42, 22848 Norderstedt

Imprint
Publisher: BABADADA GmbH, Nedderfeld 112 , 22529 Hamburg, Germany
Managing Director / Publishing direction: Harald Hof
Print: Books on Demand GmbH, In de Tarpen 42, 22848 Norderstedt

# baruumsaa
# koulu

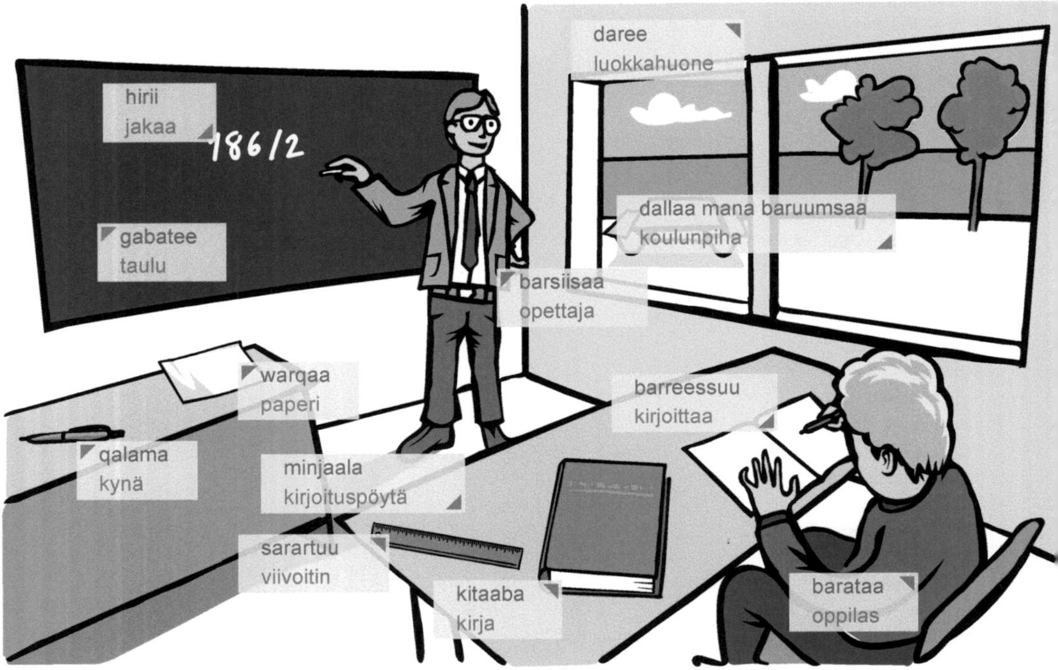

daree
luokkahuone
hirii
jakaa
186/2
gabatee
taulu
dallaa mana baruumsaa
koulunpiha
barsiisaa
opettaja
warqaa
paperi
barreessuu
kirjoittaa
qalama
kynä
minjaala
kirjoituspöytä
sarartuu
viivoitin
kitaaba
kirja
barataa
oppilas


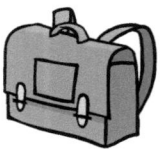

korojoo baattamu

reppu

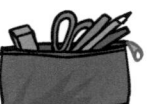

teessoo irsaasii

penaali

irsaasii

lyijykynä

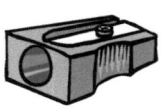

qartuu irsaasii

kynänteroitin

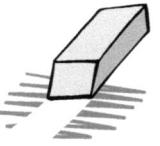

haqxuu

pyyhekumi

paadii fakkii

piirustuslehtiö

fakkii

piirustus

burusha halluu

pensseli

saanduqa halluu

vesivärit

maqasa

sakset

maxxansituu

liima

daftara

harjoituskirja

hojii manaa

kotitehtävä

lakkoofsa

luku

ida'ii

lisätä

hir;isi

vähentää

bay;isi

kertoa

heerregii

laskea

xalayaa

kirjain

tarree qubee

aakkoset

jecha

sana

kitaaba barataa

teksti

dubbisuu

lukea

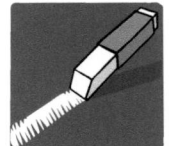

biroonkii

liitu

baruumsa

oppitunti

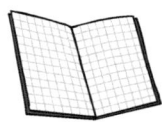

galmeessuu

opettajan muistikirja

qormaata

koe

raga barreeffamaa

todistus

uffata mana baruumsaa

koulupuku

barnoota

koulutus

insaaykiloopeediyaa

sanakirja

yuunivarstii

yliopisto

maaykiroos kooppii

mikroskooppi

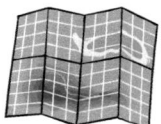

kaartaa

kartta

qircaata gatoo

roskakori

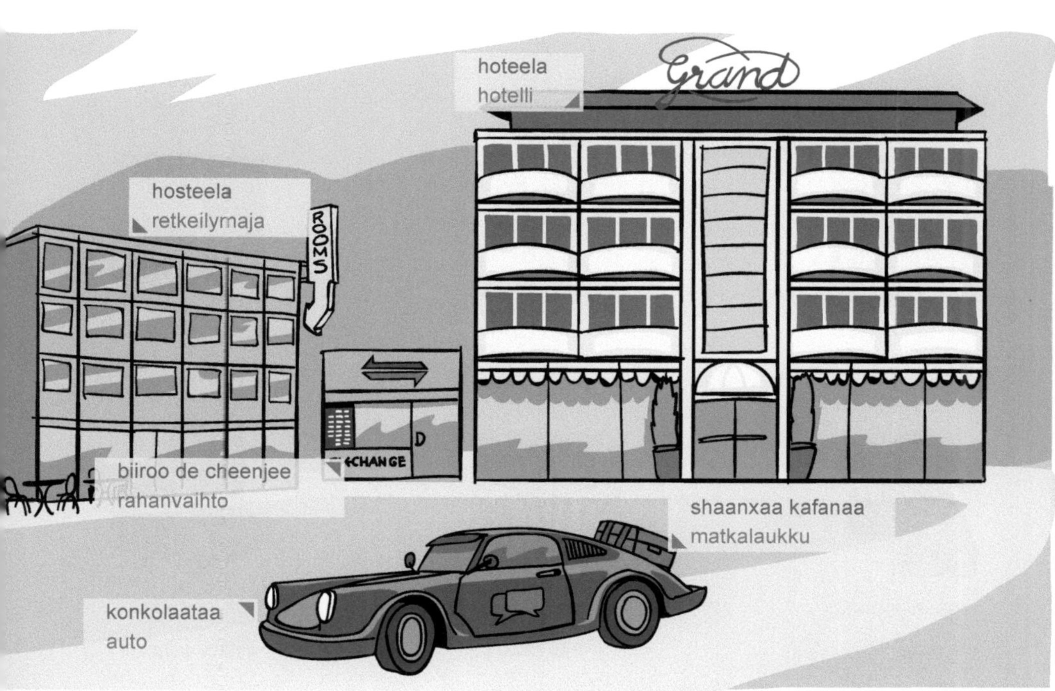
hoteela
hotelli
Grand
hosteela
retkeilymaja
ROOMS
CHANGE
biiroo de cheenjee
rahanvaihto
shaanxaa kafanaa
matkalaukku
konkolaataa
auto

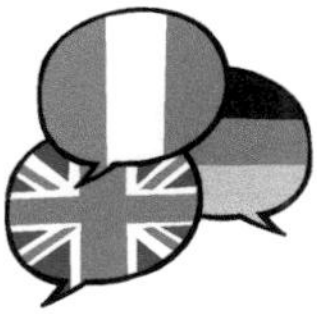

afaan
kieli

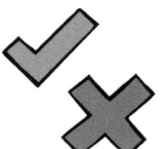

eyyeen / mitii
kyllä / ei

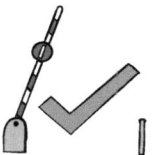

haa ta'u
selvä

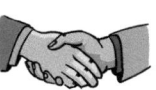

heloo
hei

turjmaana
tulkki

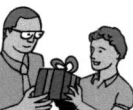

galatoomaa
kiitos

**meeqa**

Paljonko...maksaa?

**naaf hingalle**

en ymmärrä

**rakkoo**

ongelma

**akkam ooltan**

Hyvää iltaa!

**akkam bultan?**

Hyvää huomenta!

**halkan gaarii**

Hyvää yötä!

**nagaatti nagaatti**

näkemiin

**kallattii**

suunta

**ba'aa imalaa**

matkatavarat

**korojoo**

laukku

**ba'aa dugdaa**

reppu

**keessummaas**

vieras

**kutaa**

huone

**korojoo hirriibaa**

makuupussi

**dukkaana**

teltta

odeeffannoo turistii

turisti-info

qarqara haroo

ranta

kireedit kaardii

luottokortti

ciree

aamupala

laaqana

lounas

irbaata

päivällinen

tikkeetii

matkalippu

liiftii

hissi

chaappaa

postimerkk

daangaa

raja

barmaatilee

tulli

embaasii

suurlähetystö

viizaa

viisumi

paasspoortii

passi

# geejiba
# kuljetus

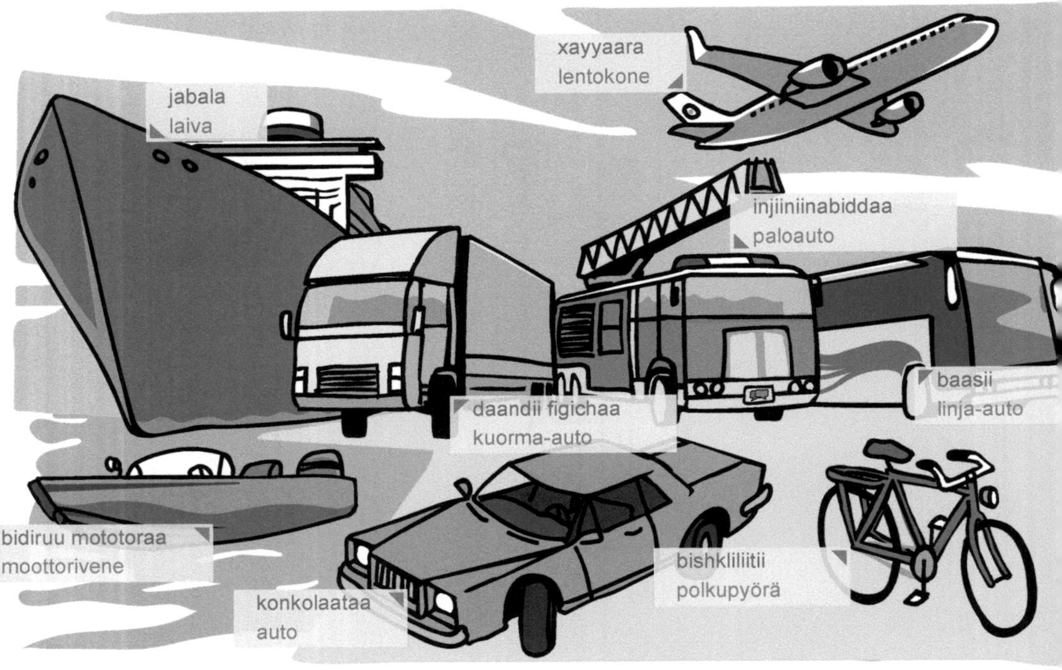
xayyaara
lentokone
jabala
laiva
injiiniinabiddaa
paloauto
baasii
linja-auto
daandii figichaa
kuorma-auto
bidiruu mototoraa
moottorivene
bishkliliitii
polkupyörä
konkolaataa
auto

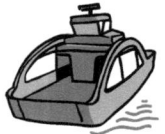

bidiruu deeddebii

lautta

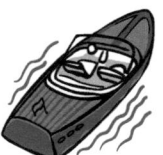

bidiruu

vene

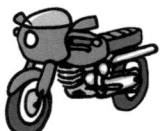

doqdoqqee

moottoripyörä

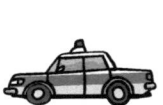

konkolaataa foolisaa

poliisiauto

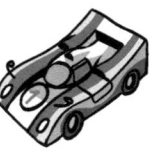

konkolaataa dorgommii

kilpa-auto

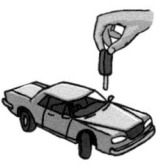

konkolaataa kiraa

vuokra-auto

konkolataa waliin gahʟu

car sharing

marsaa boqqoonna

hinausauto

daandii dhorkaa

roska-auto

motora

moottori

boba'aa

polttoaine

buufata boba'aa

huoltoasema

mallattoo tiraafikaa

liikennemerkki

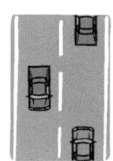

tiraafika

liikenne

cuccufaa daandii
konkolaataa

ruuhka

dhaabbii konkolaataa

parkkipaikka

buufata baburaa

rautatieasema

konkolaataa guddaa

raiteet

baabura

juna

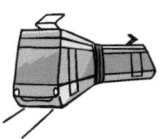

baabura eleektirikaa

raitiovaunu

gaarii fardaa

vaunu

helikooftara

helikopteri

buufata xayyaaraa

lentokenttä

qooxii

lähilennonjohto

keessummaa

matkustaja

konteenara

kontti

kaartunii

pahvilaatikko

gaarii

kärryt

qirccaata

kori

barrisuu / qubachuu

nousta / laskea

## magaalaa gudaa
## kaupunki

araddaa

kylä

handhuura magaalaa

keskusta

mana

talo

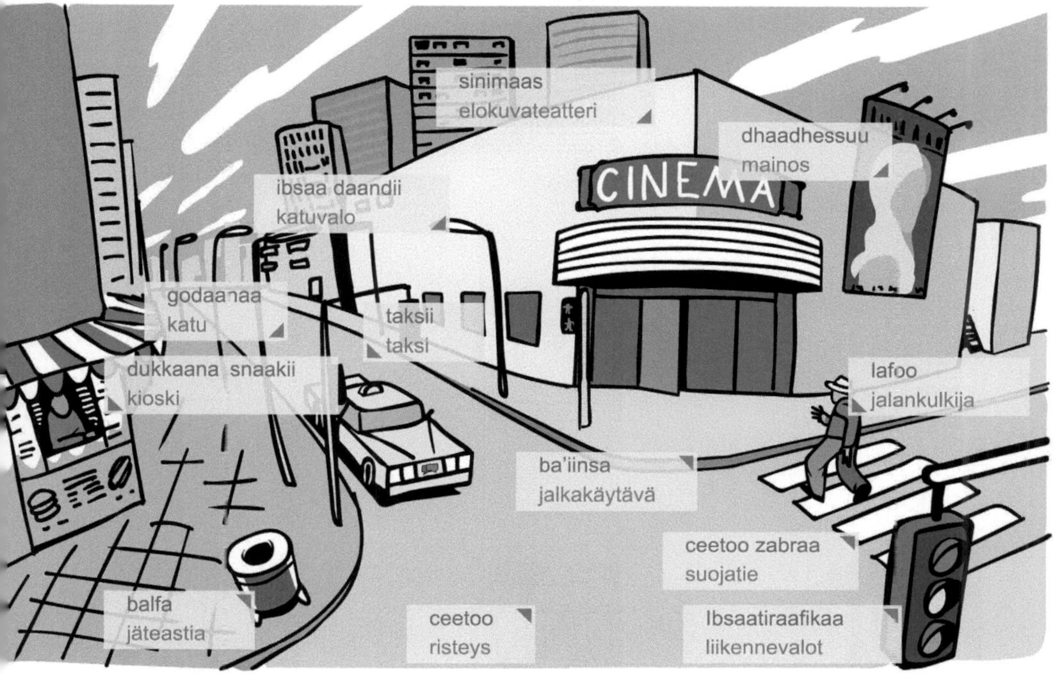

sinimaas
elokuvateatteri
CINEMA
dhaadhessuu
mainos
ibsaa daandii
katuvalo
godaanaa
katu
taksii
taksi
dukkaana snaakii
kioski
lafoo
jalankulkija
ba'iinsa
jalkakäytävä
ceetoo zabraa
suojatie
balfa
jäteastia
ceetoo
risteys
Ibsaatiraafikaa
liikennevalot

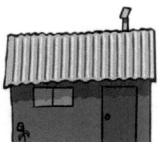

godoo

mökki

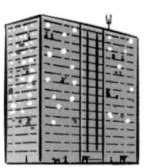

diriiraa

kerrostalo

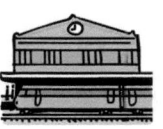

buufata baburaa

rautatieasema

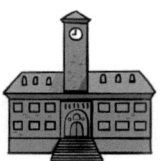

galma magaalaa

kaupungintalo

MUSEUM

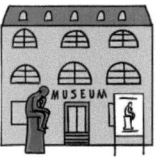

muuziyeemii

museo

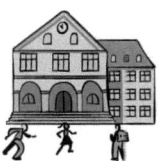

baruumsaa

koulu

yuunivarstii

yliopisto

baankii

pankki

hospitaala

sairaala

hoteela

hotelli

mana qorichaa

apteekki

waajjira

toimisto

dukkana kitaabaa

kirjakauppa

dukkaana

liike

gurgurtuu abaabo

kukkakauppa

suppar maarkeetii

supermarketti

gabaa

tori

kuusaa dame

tavaratalo

kiyyeessituu qurxxummii

kalakauppias

giddu gala gabaa

ostoskeskus

buufata galaanaa

satama

paarkii

puisto

tessoo dalgee

penkki

riqica

silta

sibsaabii

portaat

Lafa jala

metro

holqa

tunneli

buufata konkolaataa

linja-autopysäkki

baarii

baari

mana nyaataa

ravintola

saanduqa poostaa

postilaatikko

mallattoodaandii

katukyltti

idoo dhaabbii konkolaataa

parkkimittari

dallaa beeladaa

eläintarha

haroo daakkaa

uimala

masgiida

moskeija

qonna
maatila

faalama
ympäristön saastuminen

iddoo awwaalchaa
hautausmaa

charchii
kirkko

dirree taphaa
leikkikenttä

siidaa
temppeli

## teechuma lafaa
## maisema

baala
lehti

maxxansa beeksiisaa
tienviitta

karaa
tie

huruufa magariisa
niitty

dhakaa
kivi

nama lafoo deemu
retkeilijä

muka
puu

laga
joki

mrga
ruoho

abaaboo
kukka

sulula

laakso

tabba

vuori

hara

järvi

bosona

metsä

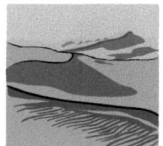

gammoojii oo;aa

aavikko

dhooyinsalafaa

tulivuori

masaraa

linna

sabbata waaqqaa

sateenkaari

jaarsa marqoo

sieni

muka teemiraa

palmu

bookee busaa

hyttynen

balali'uu

kärpänen

mixii

muurahainen

kanniisa

mehiläinen

sarariitii

hämähäkki

boombii

kovakuoriainen

hurrii

sammakko

shikookkoo

orava

xaddee

siili

beelada illeentii fakkaatu

jänis

jajuu

pöllö

simbira

lintu

daakkiyyee

joutsen

ifaannaa

villisika

godaa

peura

godaa ameerikaatti argamu

hirvi

riqicha

pato

tarbaayinii buubbee

tuulimylly

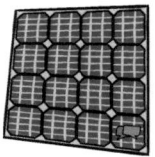

panaalii soolaarii

aurinkopaneeli

haala qilleensaa

ilmasto

# mana nyaataa
# ravintola

keessummeessaa
tarjoilija
meenuu
ruokalista
teessoo
tuoli
saamunaa
keitto
piizaa
pitsa
katlarii
ruokailuvälineet
uffata minjεalaa
pöytäliina

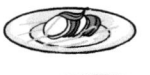

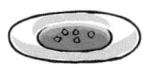

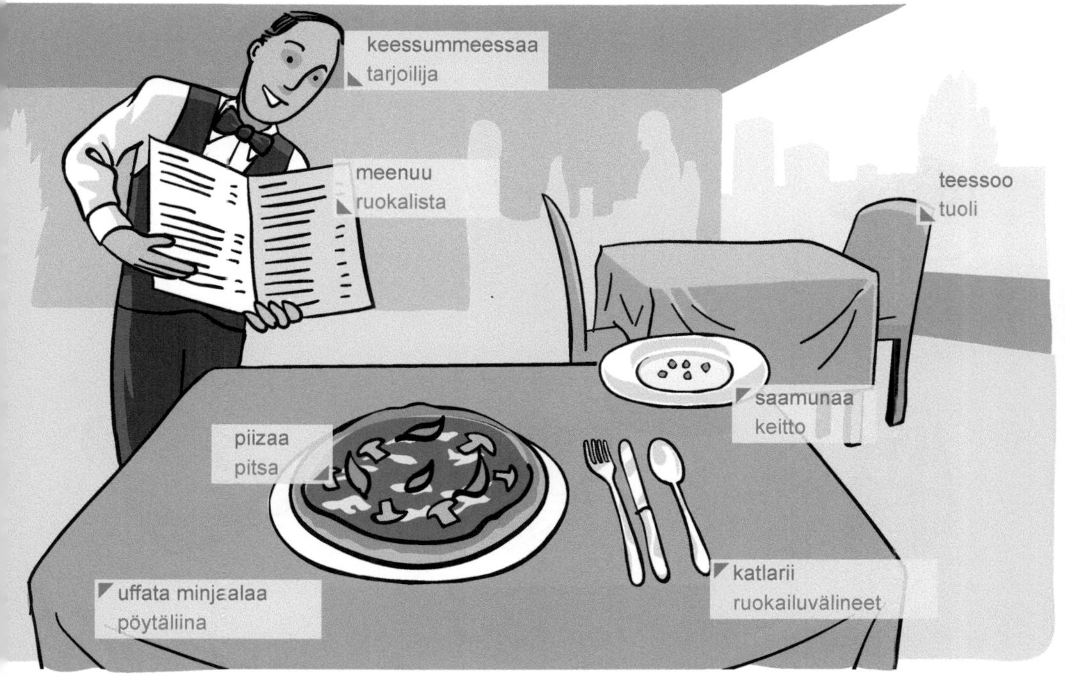

calqabsiisaa

alkuruoka

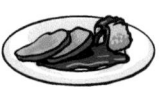

madda muummee

pääruoka

deezaartii

jälkiruoka

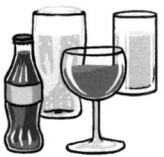

dhugaatii

juomat

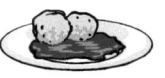

nyaata

ruoka

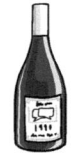

qaruuraa

pullo

nyaata qophaa'aa

pikaruoka

nyaata karaa irraa

katuruoka

markajii shaayii

teekannu

qodaa shukkaaraa

sokeriastia

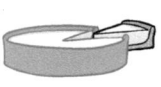

uwwisa

annos

maashina espereessoo

espressokeitin

teessoo ol ka'aa

syöttötuoli

nagahee

lasku

tirii

tarjotin

hlbee

veitsi

shuukkaa

haarukka

fal'aana

lusikka

fal'aana shaayii

teelusikka

uffrata minjaala nyaataa

servietti

burcuqqoo

lasi

diiriiraa

lautanen

teessoo saamunaa

syvä lautanen

teessoo siinii

aluslautanen

sugoo

kastike

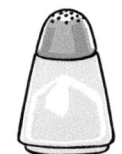

qodaa sooqiddaa

suolasirotin

daaktuu barbaree

pippurimylly

hadhooftuu

etikka

zayita

öljy

qimamii

mausteet

kachappii

ketsuppi

sanaafica

sinappi

maaynoneezii

majoneesi

# suppar maarkeetii
# supermarketti

kenaa addaa
tarjous
maamila
asiakas
FOR
oomish aannanii
maitotuotteet
fuduraa
hedelmät
baabura eelektirikaa
ostoskärryt

BUTCHERS

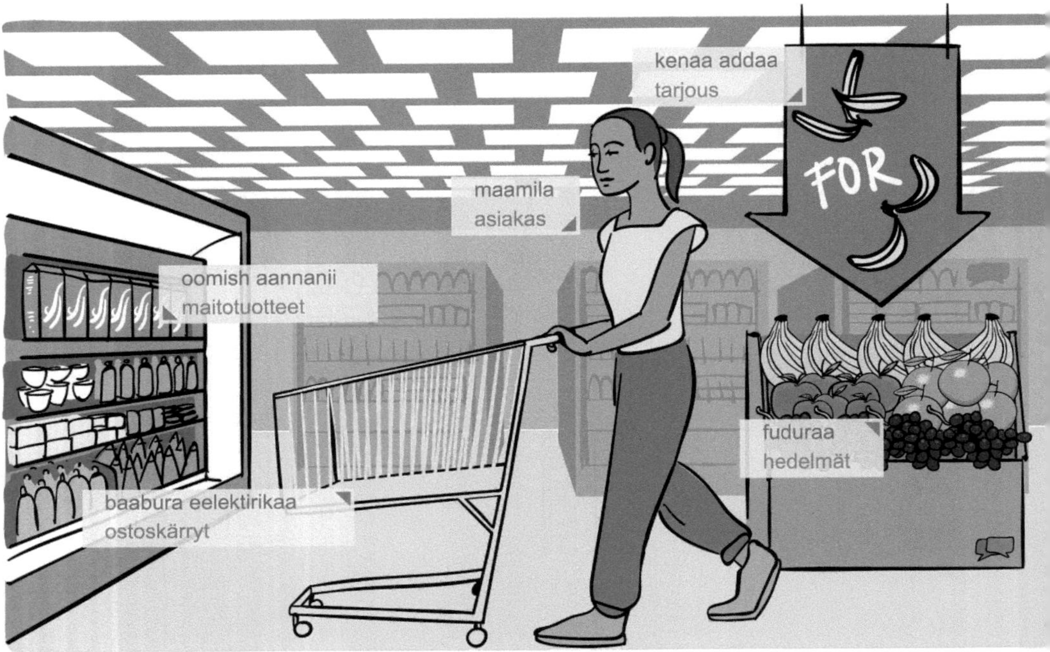

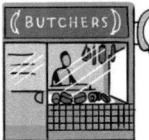

mana foonii

teurastamo

BAKERY

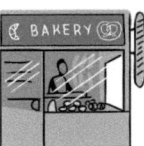

tolchituu

leipomo

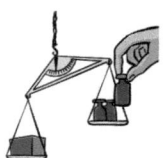

ulfaatina safaruu

punnita

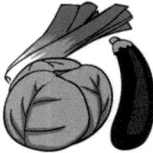

kuduraa

kasvikset

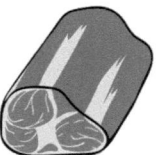

foon

liha

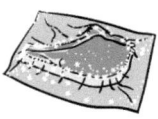

nyaataqorraa

pakasteet

**foon qorraa**
leikkele

**nyaata samsmaa**
säilykkeet

**oomoo**
pesujauhe

**mi'aawaa**
makeiset

**oomisha meeshaa manaa**
kotitaloustarvikkeet

**bu'aa qulqulleessuu**
puhdistusaineet

**nama gurgurtaa**
myyjä

**hanga**
kassa

**qarshi qabduu**
kassanhoitaja

**taree gabaa**
ostoslista

**sa'aatii baniinsaas**
aukioloajat

**krojoo qarshii kan dhiiraa**
lompakko

**kireedit kaardii**
luottokortti

**korojoo**
kassi

**korojoo pilaastikaa**
muovipussi

bishaan
vesi

cuunfaa
mehu

aannani
maito

kookii
kokis

wayinii
viini

biiraa
olut

alkoolii
alkoholi

kookaa
kaakao

shaayii
tee

buna
kahvi

espereesso
espresso

kaappuchuunoo
cappuccino

muuzii

banaani

aappilii

omena

burtukaana

appelsiini

meeloonii

meloni

loomii

sitruuna

kaarotii

porkkana

qullubbii adii

valkosipuli

leemmana

bambu

qullubbii

sipuli

jaarsa marqoo

sieni

godoo

pähkinät

gowwaa

spagetti

ispaageetii

spagetti

ruuza

riisi

salaaxaa

salaatti

chiipsii

ranskalaiset

moose affeelamaa

paistetut perunat

piizaa

pitsa

hmbargarii

hampurilainen

saanduchii

voileipä

kotaleetii

leike

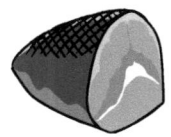

foon booyyee kan luka
fuuiduraa

kinkku

nyaata mi'eessituu fi
sooggiddan sukkummame

salami

sausage

makkara

lukuu

kana

waaddii

paisti

qurxummii

kala

bulluqa aajjaa

kaurahiutaleet

masliis

mysli

fandishaa

murot

daakuu

jauho

kiroosantii

voisarvi

daabboo-

sämpylä

daabboo

leipä

dabboo oo'aa

paahtoleipä

buskuuta

keksit

dhadhaa

voi

itittuu

rahka

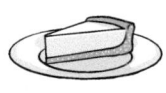

keekii

kakku

buuphaa

kananmuna

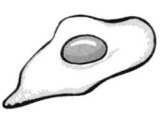

buuphaa affeelamaa

paistettu kananmuna

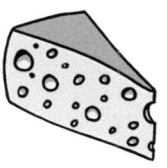

ayibii

juusto

aays kireemii

jäätelö

shukkaara

sokeri

damma

hunaja

marmaalaataa

hillo

chokkoleetii bittinnaa'aa

suklaapähkinälevite

kuurii

curry

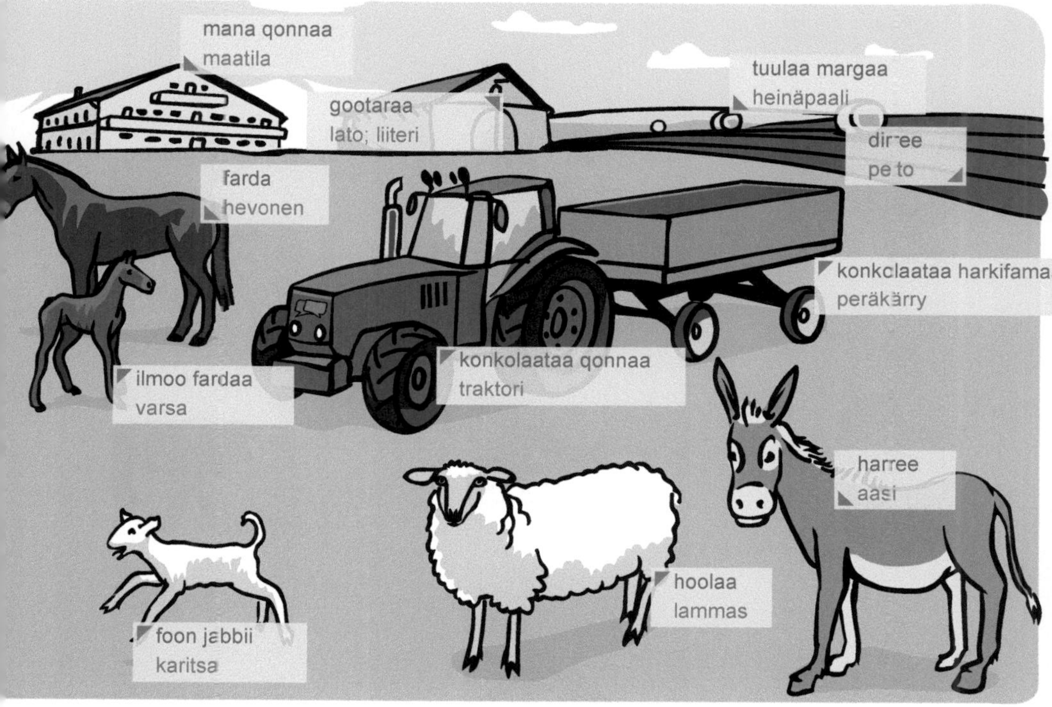

mana qonnaa
maatila

gootaraa
lato; liiteri

tuulaa margaa
heinäpaali

farda
hevonen

dir ee
pe to

konkclaataa harkifamaa
peräkärry

konkolaataa qonnaa
traktori

ilmoo fardaa
varsa

harree
aasi

hoolaa
lammas

foon jɛbbii
karitsa

ra'ee

vuohi

sa'a

lehmä

jabbilee

vasikka

booyyee

sika

ilmoo booyyee

porsas

korma

sonni

ziyyee

hanhi

daakkiyyee

ankka

lukkuu

tipu

lukkuu haadhoo

kana

lukkuu kormaa

kukko

hantuuta

rotta

adurree

kissa

hantuuta goodaa

hiiri

qotiyyoo

härkä

saree

koira

mana saree

koirankoppi

ujjummoo oddoo

puutarhaletku

kan ittin bishaan obaasan

kastelukannu

haamtuu dheeraa

viikate

qotuu

aura

**haamtuu**
sirppi

**gasoo**
kuokka

**manshii**
talikko

**qotoo**
kirves

**gaarii goommaa**
kottikärryt

**suluula**
kaukalo

**meeshaa aannanii**
maitokannu

**keeshaa**
säkki

**dallaa**
aita

**tasgabbii**
talli

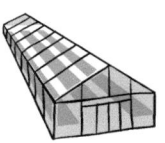

**mana biqiltuu**
kasvihuone

**biyyee**
maa

**sanyii**
siemen

**dachee gabbistuu**
lannoite

**kmbaayinara haamaa**
leikkuupuimuri

haamuu

kerätä sato

haamuu

sato

biqiltuu hundeen isaa nyaatamu

jamssit

qamadii

vehnä

sooy

soija

moose

peruna

boqqoolloo

maissi

raappii siidii

rypsi

muka fudraa

hedelmäpuu

kzaavaa

maniokki

midhaan biilaa

vilja

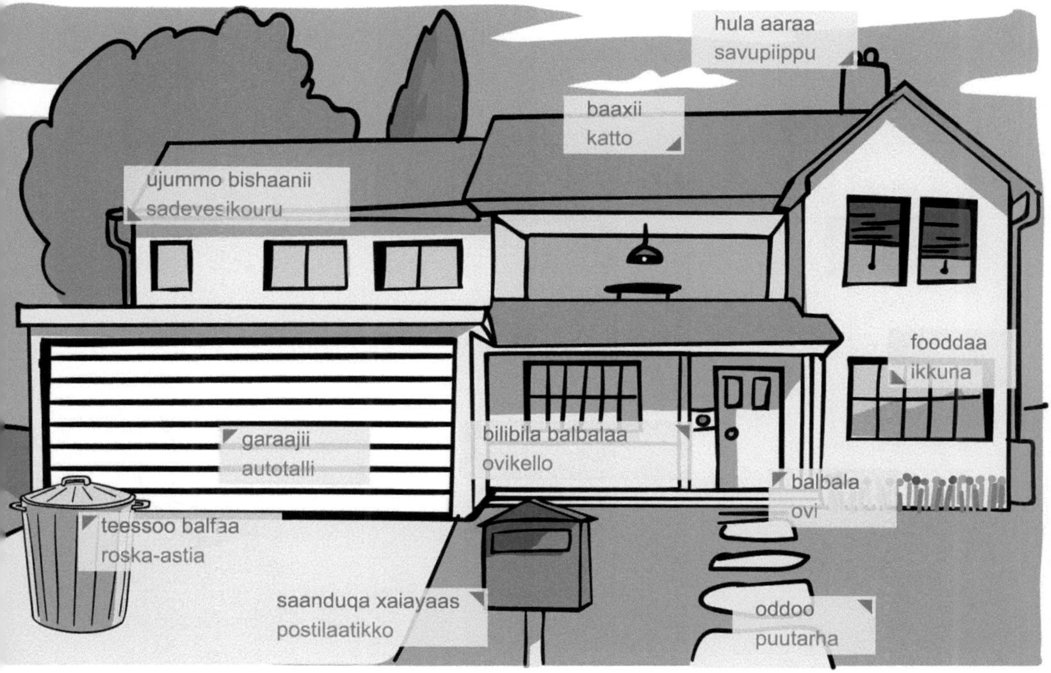

hula aaraa
savupiippu

baaxii
katto

ujummo bishaanii
sadevesikouru

fooddaa
ikkuna

garaajii
autotalli

bilibila balbalaa
ovikello

balbala
ovi

teessoo balfaa
roska-astia

saanduqa xaiayaas
postilaatikko

oddoo
puutarha

kutaa jireenyaa

olohuone

kutaa dhiqannaa

kylpyhuone

mana bilcheessaa

keittiö

kutaa ciisichaa

makuuhuone

kutaa ijoollee

lastenhuone

kutaa nyaataa

ruokahuore

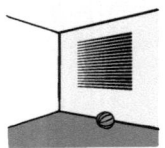

lafa

lattia

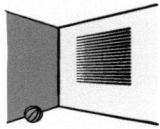

ededaa

seinä

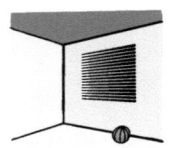

baaxii

katto

seelaarii

kellari

saawunaa

sauna

baankoonii

parveke

madaba

terassi

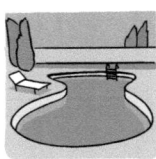

puulii

uima-allas

konkoolaataa haamaa

ruohonleikkuri

ansoolaa

lakana

uffata siree

päiväpeitto

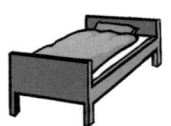

siree

sänky

hartuu

harja

baaldii

ämpäri

cufuu

katkaisin

# kutaa jireenyaa
## olohuone

wolpeepparii
tapetti
fakkii
kuva
foon hoolaa
lamppu
masalangaa
hylly
kaappi boordiis
kaappi
midijjaa
takka
tlevisziinii
televisio
abaaboo
kukka
boraatiii
tyyny
soofaa
sohva
tessoo abaaboo
maljakko
too'attuu halaalaa
kaukosäädin

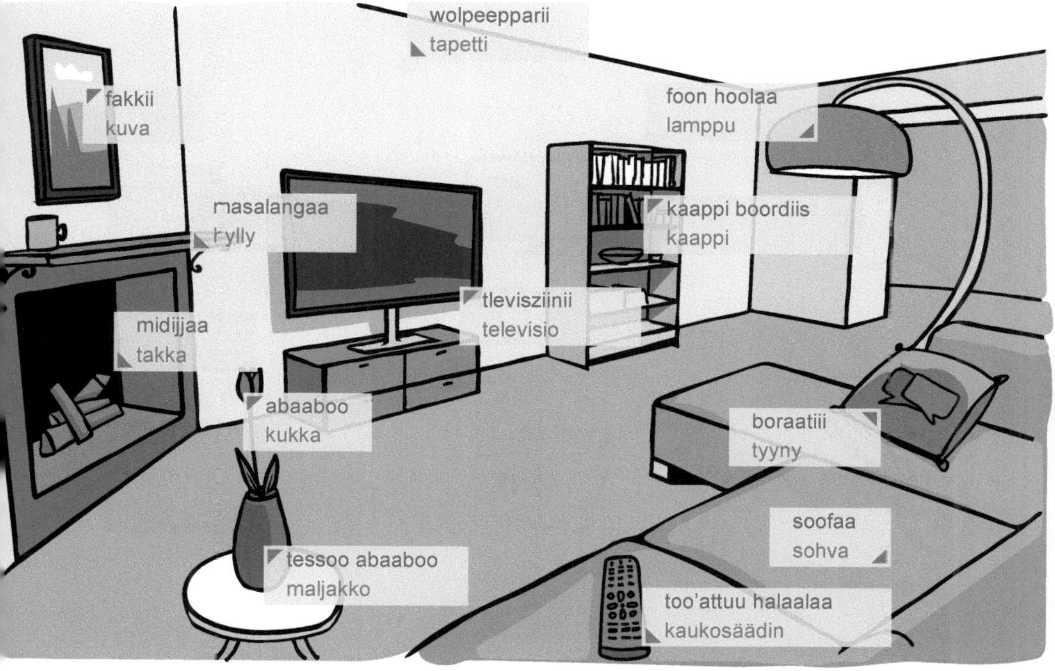

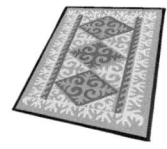

afata

matto

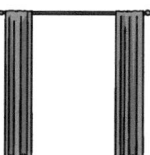

golgaa

verho

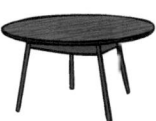

minjaala

pöytä

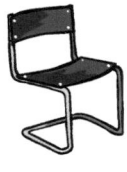

teessoo

tuoli

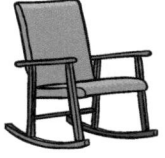

teessoo rarra'aa

keinutuoli

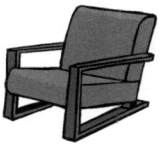

teesoo ciqilffannaa

nojatuol

kitaaba

kirja

uffata qorraa

peitto

midhagina

koriste

muka qoraanii

polttopuut

fiilmii

elokuva

meeshaa

stereot

furtuu

avain

gaazexaa

sanomalehti

dibuu

maalaus

barjaa

juliste

reedyoonii

radio

daftara yaadanoo

muistivihko

meeshaa eeleektirikaa afata
qulqulleessu

pölynimuri

laaftoo

kaktus

dungoo

kynttilä

# mana bilcheessaa

## keittiö

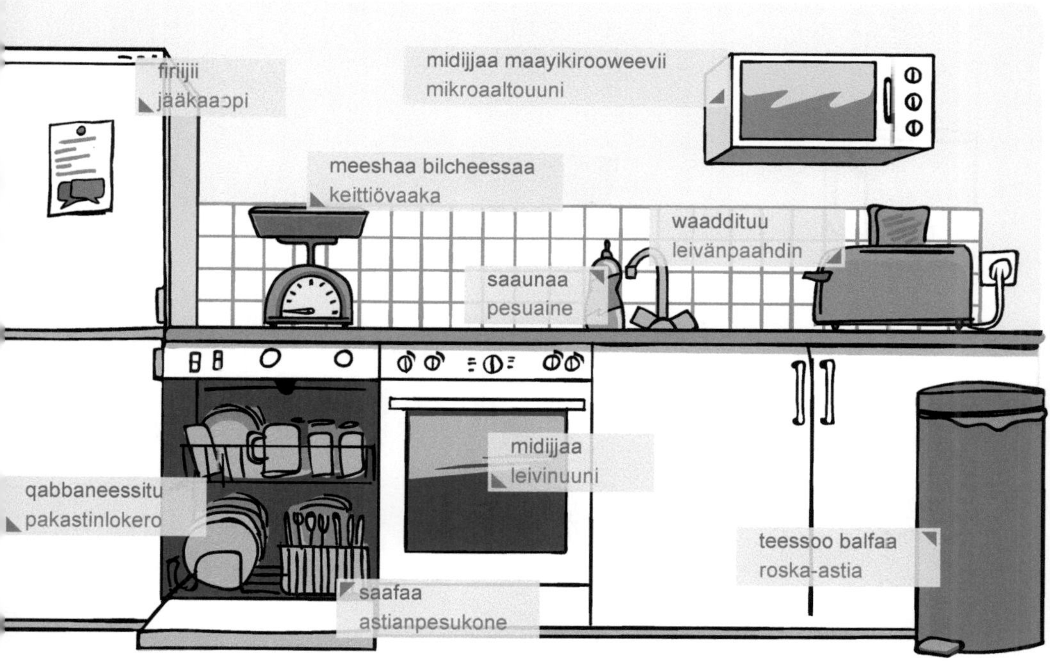
firiijii
jääkaappi
midijjaa maayikirooweevii
mikroaaltouuni
meeshaa bilcheessaa
keittiövaaka
waaddituu
leivänpaahdin
saaunaa
pesuaine
midijjaa
leivinuuni
qabbaneessitu
pakastinlokero
teessoo balfaa
roska-astia
saafaa
astianpesukone

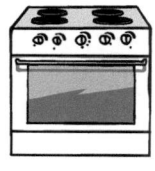

bilcheesssituu

liesi

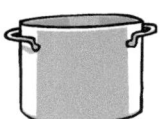

okkotee

kattila

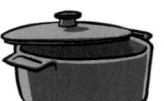

cast-iron pot

rautapata

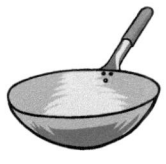

sataatee

okkipannu / kadai-pannu

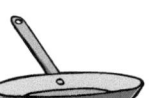

waaddituu

paistinpannu

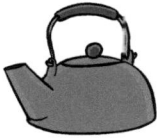

markajii

teepannu

jabala humna urkaa

höyrykeitin

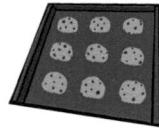

tirii bilcheessaa

uunipelti

bantuu qaruuraa

astiat

geeba

muki

sayinaa

kulho

dibata hidhii

syömäpuikot

cilfaa

kauha

shuukkaa

paistinlasta

areeda aduurree

vispilä

dhimbiibduu

siivilä

gingilchaa

siivilä

meeshaa farfartuu

raastin

mooyyee

mortteli

waadii abiddaa

grilli

midijjaa

avotuli

mana bilcheessaa - keittiö

maktafiyaa

leikkuulauta

martuu

kaulin

bantuu qaruuˊaa

korkinavaaja

danda'uu

purkki

banuu danda'uu

purkinavaaja

teesoo okkotee

pannulappɹ

lixuu

lavuaari

buruushii

tiskiharja

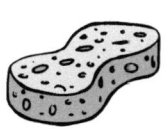

ispoonjii

pesusieni

meeshaa waliin makaa

tehosekoitin

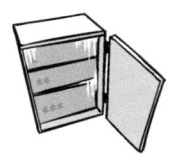

qabbaneessaa guddaa

pakastin

xuuxxoo

tuttipullo

ujjuummoo

vesihana

# kutaa dhiqannaa
# kylpyhuone

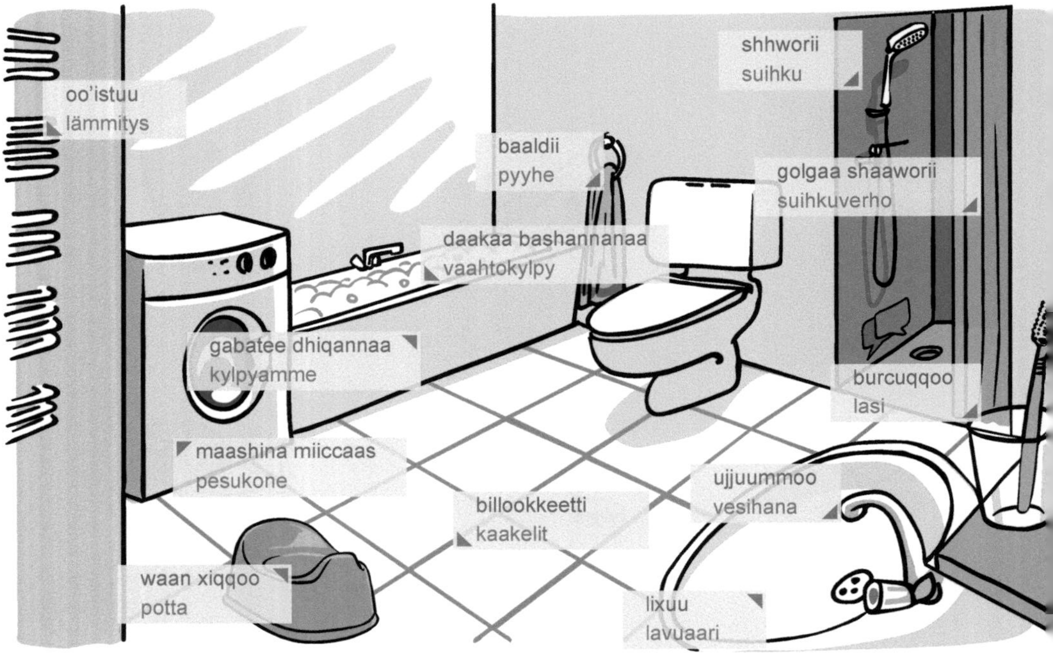

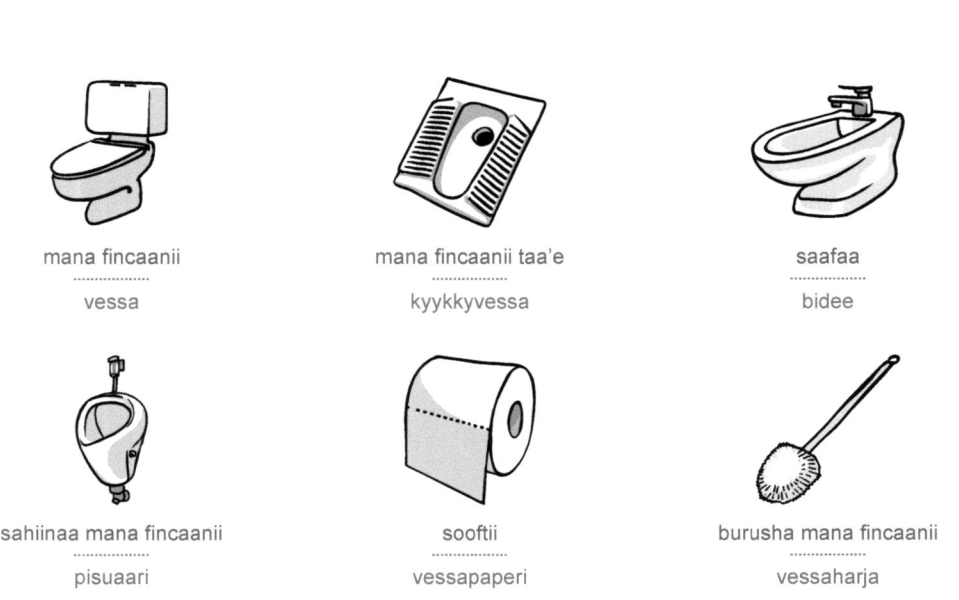

oo'istuu
lämmitys
shhworii
suihku
baaldii
pyyhe
golgaa shaaworii
suihkuverho
daakaa bashannanaa
vaahtokylpy
gabatee dhiqannaa
kylpyamme
burcuqqoo
lasi
maashina miiccaas
pesukone
ujjuummoo
vesihana
billookkeetti
kaakelit
waan xiqqoo
potta
lixuu
lavuaari


mana fincaanii

vessa

mana fincaanii taa'e

kyykkyvessa

saafaa

bidee

sahiinaa mana fincaanii

pisuaari

sooftii

vessapaperi

burusha mana fincaanii

vessaharja

buruushii ilkaanii

hammasharja

saamunaa ilkaanii

hammastahna

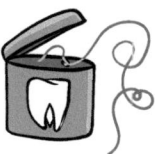

soqxuu ilkaanii

hammaslanka

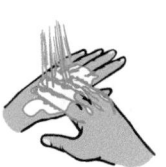

dhiquu

pestä

qaama dhiqannaa aadaa

käsisuihku

kan dach

intiimisuihku

sulula

pesuvati

mana dhiqataa

selkäharja

saamunaa

saippua

dibata dhiqannaa boocaa

suihkugeeli

shaampuu

shampoo

jejuu

pesulappu

gogsuu

viemäri

kireemii

voide

dodoraantii

deodorantti

daawitii

peili

daawitii hrkaa

käsipeili

milaacii

partaveitsi

dibata areedaas

partavaahto

diibata areedaa

partavesi

filaa

kampa

burusha

harja

qoorsituu rifeensaa

hiustenkuivaaja

hafuuftuu rifeensaa

hiuslakka

meekaappii

meikki

lippistiikii

huulipuna

qeessa muculiksituu

kynsilakka

jirbii

pumpuli

murtuu qeessa

kynsisakset

shittoo

hajuvesi

kutaa dhiqannaa - kylpyhuone

korojoo dhiqannaa

kosmetiikkalaukku

gatteechuma

jakkara

iskeelii ulfaatinaa

vaaka

uffata dhiqannaa

kylpytakki

guwaantii pilaastikaa

kumihansikkaat

moodesii

tamponi

fooxaa qulquulinaa

terveysside

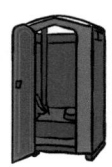

keemikaala mana fincaanii

kemiallinen wc

# kutaa ijoollee
# lastenhuone

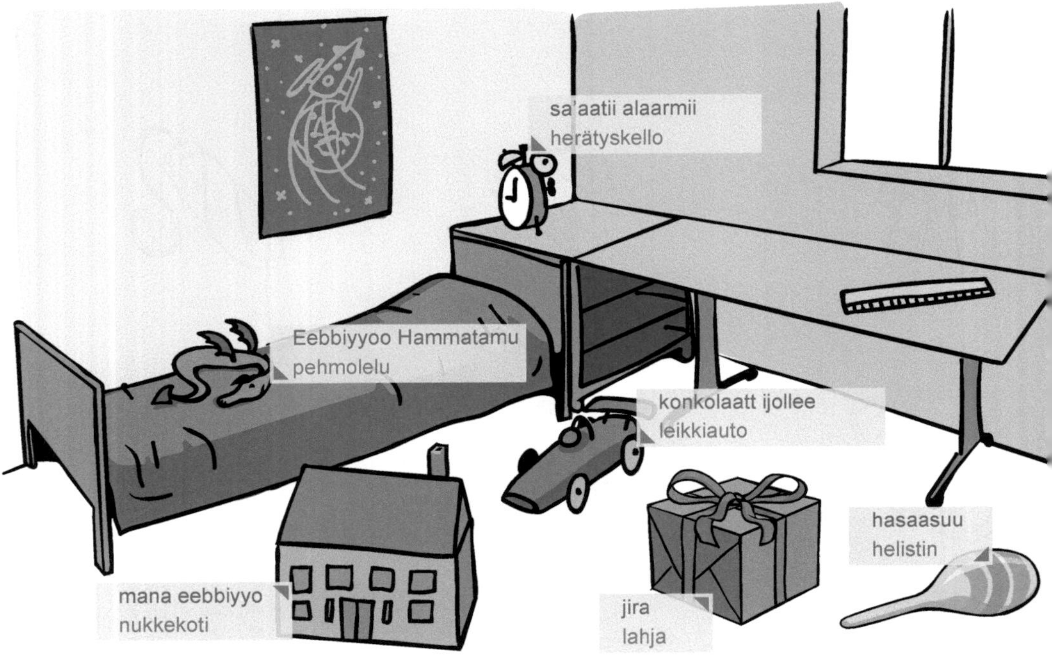
sa'aatii alaarmii
herätyskello
Eebbiyyoo Hammatamu
pehmolelu
konkolaatt ijollee
leikkiauto
hasaasuu
helistin
mana eebbiyyo
nukkekoti
jira
lahja

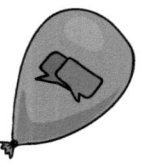

baaloonii
ilmapallo

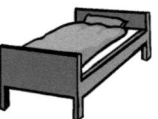

siree
sänky

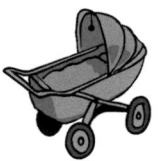

gaarii daa'imaa
lastenvaunut

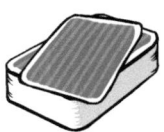

Minjaala Kaardii
korttipeli

akaafaa
palapeli

SUPER MEGA

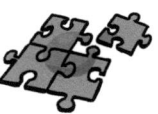

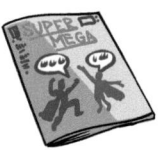

kofalchiisaa
sarjakuva

lego bricks

legopalikat

dlookii ijaarsaa

rakennuspalikat

lakkofsa gochaa

supersankari

guddina daa'imaa

potkupuku

saahinaa taphaa

frisbee

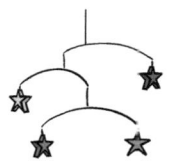

mobaayilii

mobile

gabatee taphaa

lautapeli

kuubii lakk. 1-6 qabu

noppa

teessuma leenji'aa
modeelaa

pienoisjunarata

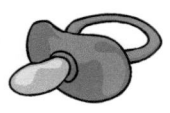

fakkii

tutti

afeerrii

juhlat

kitaaba fakii

kuvakirja

kubbaa

pallo

eebiyyoo

nukke

tapha

leikkiä

boolla cirrachaa

hiekkalaatikko

hodhuu

keinu

eebbiyyoo

lelut

konsoli tapha viidyoo

pelikonsoli

marsaa sadii

kolmipyörä

eebiyyo hammatamtu

nalle

sanduqaa dhaabbii

vaatekaappi

## cuufinsa
## vaatteet

kaalsii

sukat

istookingii

nylonsukat

taayitii

sukkahousut

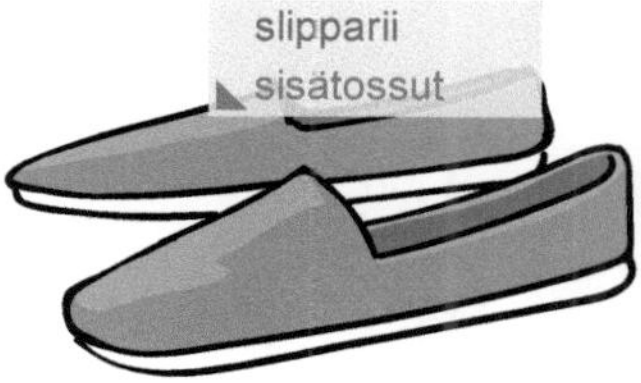

guftaa
kaulaliina

dibaaboo
sateenvarjo

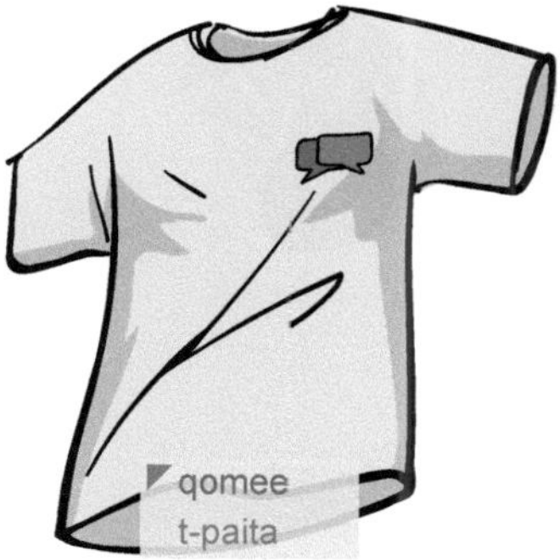

qomee
t-paita

qabattoo
vyö

bidiruuwwan
saappaat

slipparii
sisätossut

leənjitoota
lenkkarit

kophee banaa

sandaalit

kophee

kengät

bidiruu pilaastikaa

kumisaappaat

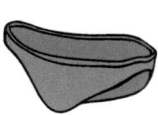

butaantaa

alushousut

harmaa

rintaliivit

sadariyyaa

aluspaita

qaama

body

kofoo dheeraa

housut

jiinsii

farkut

dalgee

hame

shamiza

pusero

shurraaba

paita

shurraaba

villapaita

haaguuggii jaakkeettii

collegepaita

yuunifoormii

jakku

jaakkeettii

takki

kootii

takki

kafana roobaa

sadetakki

barsuma

puku

wandaboo

mekko

kafana gaa'ilaa

hääpuku

kafana guutuu

puku

uffata halkanii

yöpaita

bijaamaa

pyjama

wandaboo hindii

shari

guftaa

päähuivi

marata

turbaani

burqaa

burka

jalabiyyaa

kaftaani

abaya

abaya

kafana daakkaa

uimapuku

mudhii

uimahousut

kofoo gabaabaa

shortsit

kafanafgichaa

verkkarit

appiroonii

esiliina

guwwaantii

käsineet

furtuu
nappi

burcuqqoowwan
silmälasit

gumee
rannekoru

amartii
kaulakoru

qubeelaa
sormus

glii
korvakoru

geeba
lippalakki

fanoo kootii
ripustin

qoobii
hattu

karbaata
solmio

ziippii
vetoketju

heelmeetii
kypärä

collee
henkselit

uffata mana baruumsaa
koulupuku

yuunifoormii
univormu

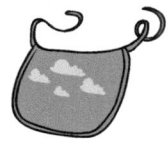

kafana gorooraa

ruokalappu

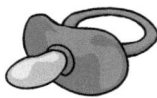

fakkii

tutti

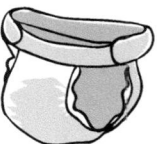

naappii

vaippa

# waajjira

## toimisto

sarvarii
palvelin
faayil kaabineetii
asiakirjakaappi
warqaa
paperi
piriintarii
tulostin
moonitarii
näyttö
minjaala
kirjoituspöytä
maawzii
hiiri
fooldarii
kansio
kiiboordii
näppäimistö
qircaata gatoo
roskakori
kompitara
tietokone
teessoo
tuoli

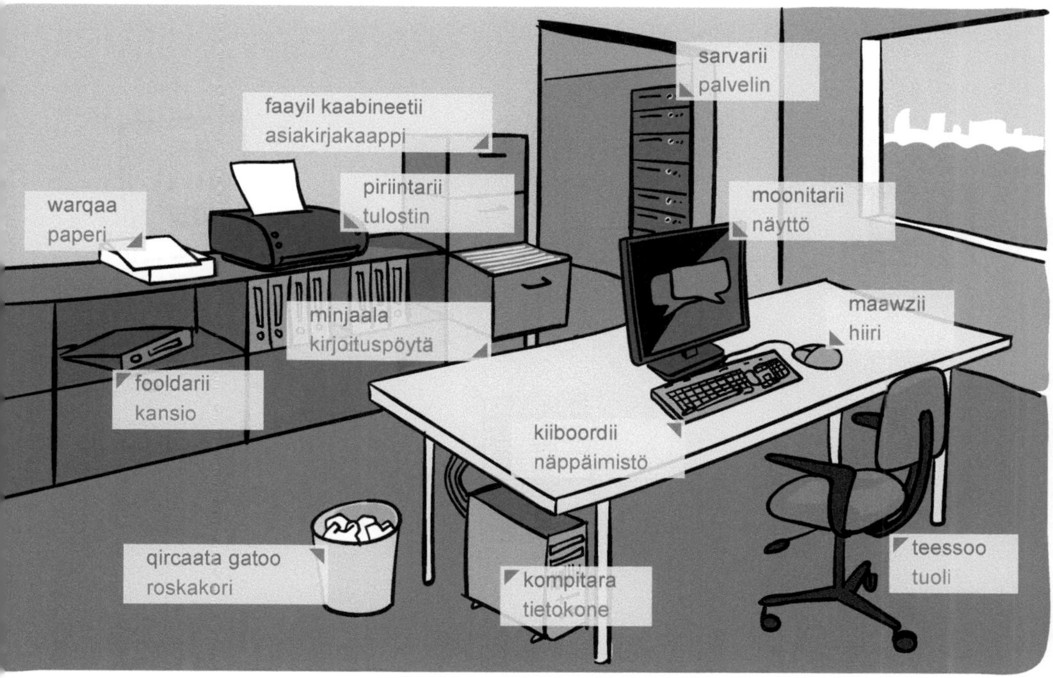

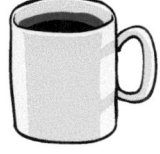

siinii bunaa

kahvimuki

herregduu

taskulaskin

intarneetii

internet

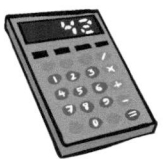

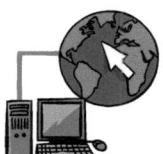

lab tooppii

kannettava tietokone

xalaya

kirje

ergaa

viesti

mobbyilii

kännykkä

neetwoorkii

verkko

maashina footokoppii

kopiokone

sooft weerii

ohjelmisto

bilbila

puhelin

sookkeetii suuqii

pistorasia

maashina faaksiis

faksi

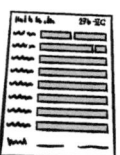

uunkaa

lomake

dookimantii

asiakirja

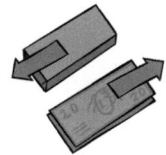

bituu
ostaa

kafaluu
maksaa

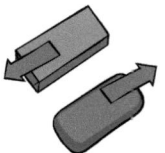

daldaluu
vaihtaa

qarshii
raha

doolaara
dollari

yuroou
euro

yen
jeni

ruubilii
rupla

Farankaa swwiz
frangi

yuwaanii reenmiinbii
renminbi juan

ruuppee
rupia

kaash pooyintii
pankkiautomaatti

biiroo de cheenjee

rahanvaihto

warqee

kulta

meeta

hopea

zayita

öljy

human

energia

gatii

hinta

koontiraata

sopimus

taaksii

vero

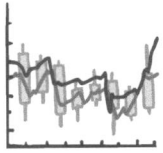

shaqaxa

osake

hojjechuu

työskennellä

qacaramaa

työntekijä

qacaraa

työnantaja

faabrikaas

tehdas

dukkaana

liike

# hojii
## ammatit

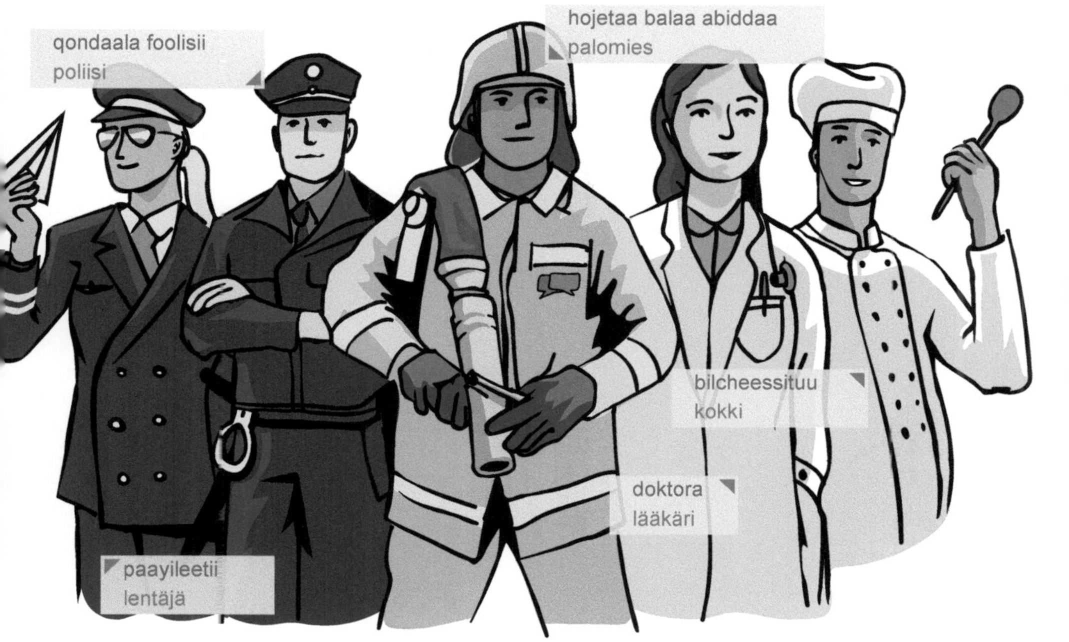
qondaala foolisii
poliisi
hojetaa balaa abiddaa
palomies
bilcheessituu
kokki
doktora
lääkäri
paayileetii
lentäjä

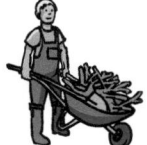

waardiyyaa

puutarhuri

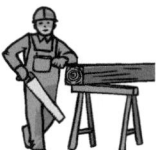

ogeessa mukaa

puuseppä

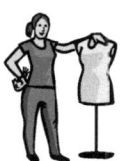

ooftuu jabalaa

ompelija

abbaa seeraa

tuomari

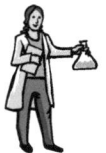

keemistii

kemisti

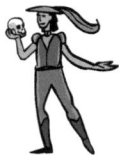

ta'aa

näyttelijä

konkolaachisaa

linja-autonkuljettaja

konkolaachisaataaksii

taksinkuljettaja

qurxumii kiyyeessaa

kalastaja

qulqulleessituu

siivooja

hojetaa baaxii

katontekijä

keessummeessaa

tarjoilija

adamisituus

metsästäjä

halluu dibduu

maalari

tolchituu

leipuri

elektrishaana

sähköasentaja

ijaaraa

rakentaja

injinara

insinööri

mana foonii

teurastaja

hjjetaa ujummoo

putkiasentaja

poostaa geessituu

postinjakaja

raayyaa

sotilas

arkteektii

arkkitehti

qarshi qabduu

kassanhoitaja

abaaboo gurgurtuu

floristi

dabbasaa murtuu

kampaaja

kondaaktara

konduktöör

makaanika

mekaanikko

kaappiteenii

kapteeni

hakiima ilkee

hammaslääkäri

saayntiistii

tiedemies

rabbi

rabbi

imaama

imaami

moloskee

munkki

luba

pappi

# meeshaalee

# työkalut

burruusa
vasara
hiktuu cufamu
pihdit
hiiktuu
ruuvimeisseli
hiktuu
jakoavain
daamotii--
taskulamppu

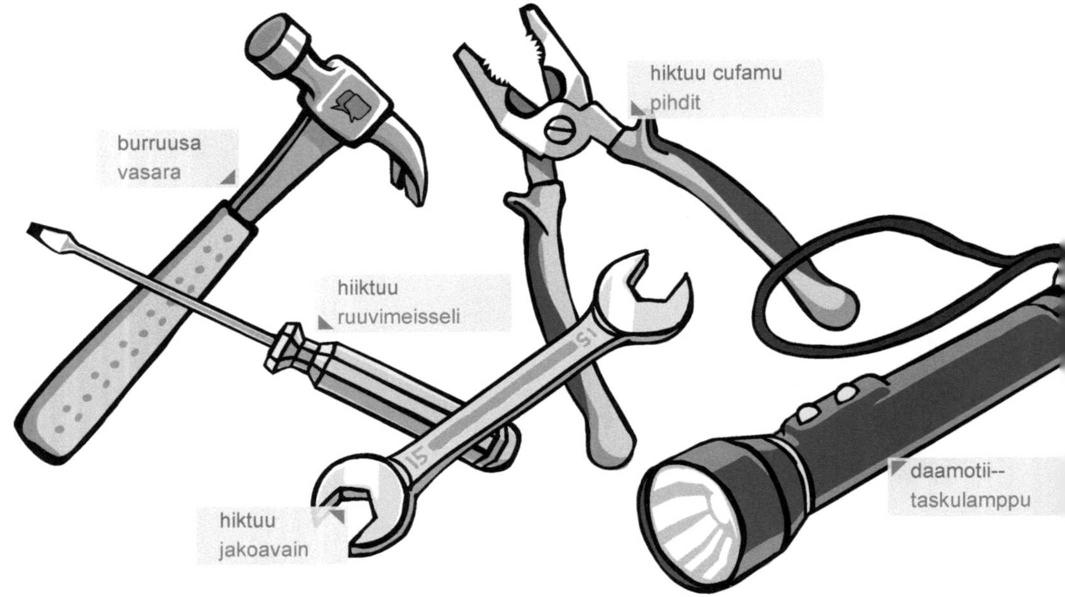

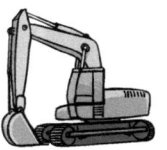

gasoo

kaivinkone

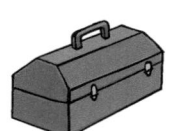

saanduqa meeshhalee

työkalupakki

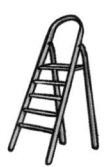

kortoo

tikkaat

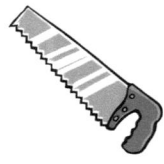

magaazii

saha

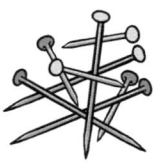

bismaara

naulat

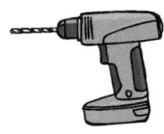

diriilii

pora

suphuu
korjata

akaafaa
lapio

dhaabi
Hitto!

gataa balfaa
rikkalapio

qodaa haalluu
maalipurkki

hiktuu
ruuvit

## meeshaalee muuziqaa
### soittimet

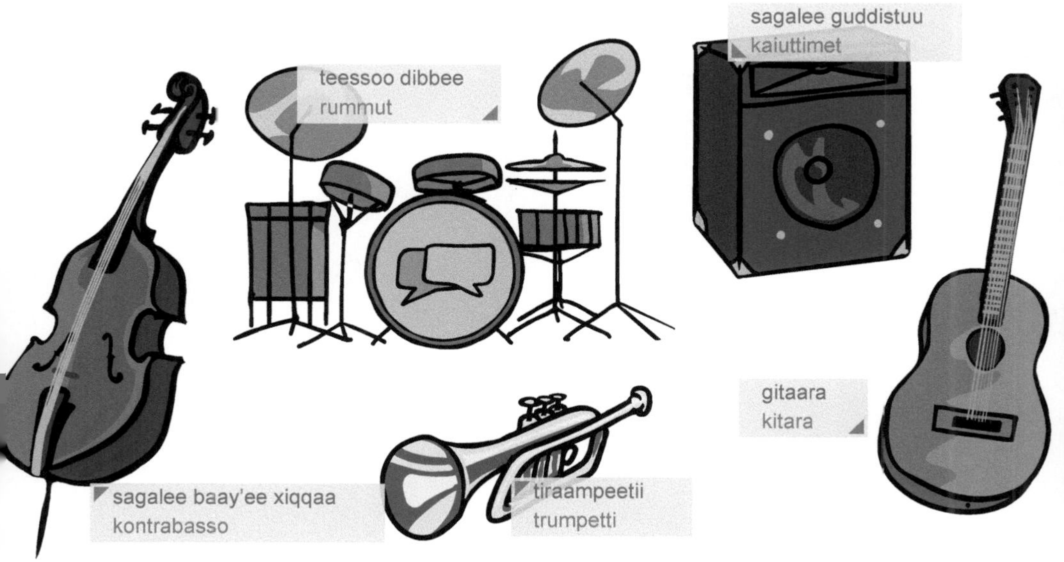

teessoo dibbee
rummut

sagalee guddistuu
kaiuttimet

gitaara
kitara

sagalee baay'ee xiqqaa
kontrabasso

tiraampeetii
trumpetti

piyaanoo

piano

vaayoolinii

viulu

sagalee xiqqaa

basso

timpaanii

patarummut

dibbee

rumpu

kiiboordii

kosketinsoitin

saaksi foona

saksofoni

ulullee

huilu

may craafoona

mikrofoni

# dallaa beeladaa
# eläintarha

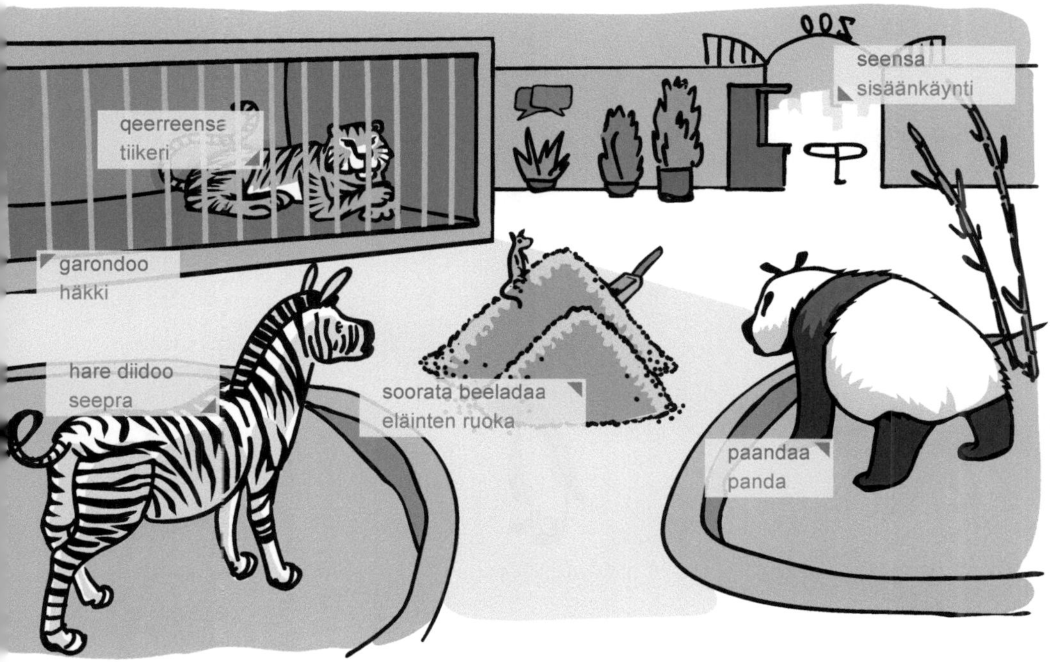
seensa
sisäänkäynti
qeerreensa
tiikeri
garondoo
häkki
hare diidoo
seepra
soorata beeladaa
eläinten ruoka
paandaa
panda

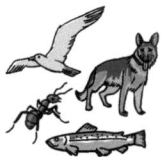

beeladoota

eläimet

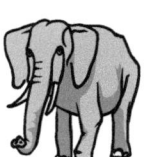

arba

norsu

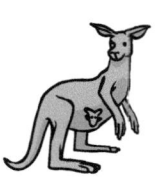

kaangaaroo

kenguru

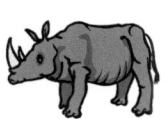

warseesa

sarvikuono

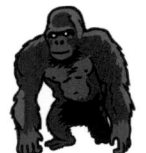

jaldeessa guddaa

gorilla

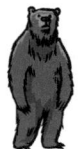

godaa

karhu

gala

kameli

guchii

strutsi

leenca

leijona

jaldeessa

apina

fiilaamingoo

flamingo

simbira dubbattu

papukaija

diibii poolarii

jääkarhu

peengyuunii

pingviini

shaarkii

hai

piikookii

riikinkukko

bofa

käärme

qocaa

krokotiili

eegaa zoo

eläintarhanhoitaja

chaappaa

hylje

sanyii qeerensaa

jaguaari

farda gabaabduu

poni

sanyii qeerrensaa

leopardi

roobii

virtahepo

sattaawwaa

kirahvi

culullee

kotka

ifaannaa

villisika

qurxummii

kala

qocaa galaanaa

kilpikonna

beelada bishaan keessaa

mursu

sardiida

kettu

godaa

gaselli

kubbaa miilaa ameerikaa
amerikkalainen jalkapallo

dargmmii bishkilileettaa
pyöräily

teenisa
tennis

kubba kaachoo
koripallo

bishaan daakkaa
uinti

sigigoo cabbie
jääkiekko

aboottoo
nyrkkeily

kubbaa miilaa
jalkapallo

baadmentanii
sulkapallo

atileetii
yleisurheilu

kubba harkaa
käsipallo

skiing
hiihto

pooloo
poolo

utaalcha
hypätä

kolfa
nauraa

hammachuu
halata

deemuu
kävellä

sirbuu
laulaa

abjuu
unelmoida

kadhannaa
rukoilla

dhungoo
suudella

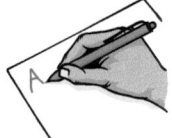

barreessuu

kirjoittaa

fakkii kaasuu

piirtää

agrsiisuu

näyttää

dhiibuu

painaa

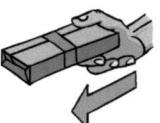

kennuu

antaa

fudhachuu

ottaa

qabaachuu

omistaa

gochuu

tehdä

ta'uu

olla

dhaabbachuu

seisoa

kaachuu

juosta

harkisuu

vetää

darbachuu

heittää

kufuu

kaatua

soba

maata

eeguu

odottaa

baachuus

kantaa

taa'uu

istua

uffachuu

pukeutua

rafuu

nukkua

dammaquu

herätä

ilaaluu

katsoa

iyyuu

itkeä

dhiibbaa dhiigaa

silittää

filuu

kammata

haasa'uu

puhua

hubachuu

ymmärtää

gaafachuu

kysyä

dhggeeffachuu

kuunnella

dhuguu

juoda

nyaachuu

syödä

ol kaasuu

siivota

jaalala

rakastaa

bilcheessuus

keittää

oofuu

ajaa

barrisuu

lentää

jabalan

purjehtia

heerregii

laskea

dubbisuu

lukea

baruumsa

oppia

hojjechuu

työskennellä

fuudha

mennä naimisiin

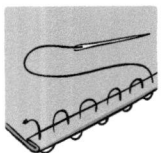

hodhuu

ommella

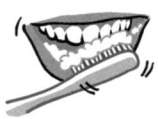

ilkaan rigachuu

pestä hampaat

ajjeecha

tappaa

xuuxuu

tupakoida

erguu

lähettää

karaa haadhaa

akaakayyuu karaa abbaa
ukki

abbaa
isä

haadha
äiti

daa'ima
vauva

intala durbaa
tytär

ilma dhiiraa
poika

keessummaas

vieras

adaadaa

täti

eessuma

setä

obboleessa

veli

obboleettii

sisko

# qaama
# vartalo

adda
otsa
ija
silmä
ceekuu
olkapää
quba
sormet
fuula
kasvot
igicii
leuka
harka
käsi
luka
jalka
harma
rinta
irree
käsivarsi

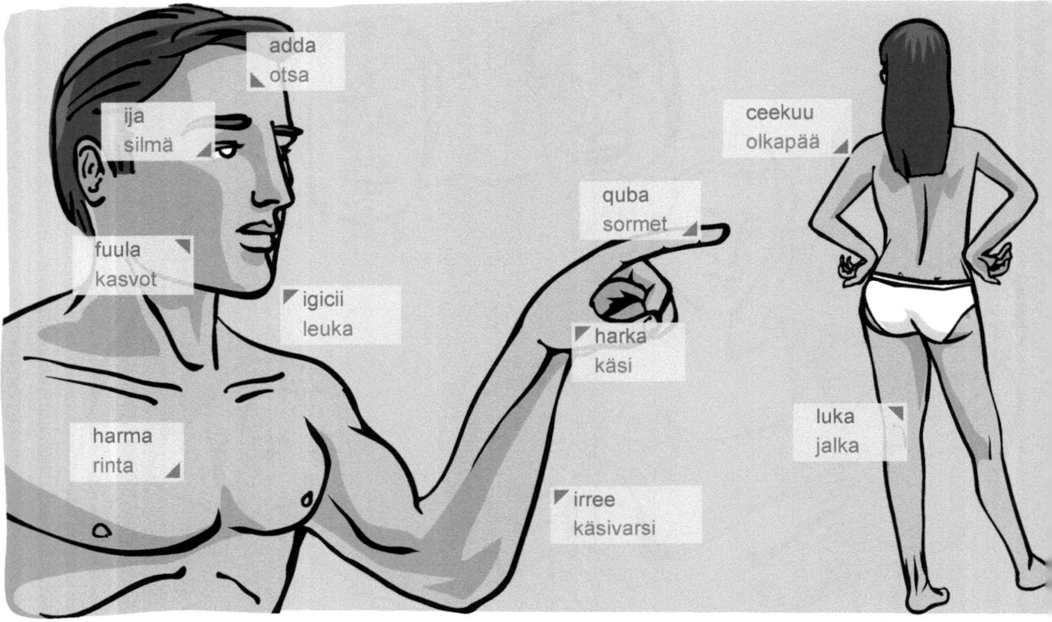

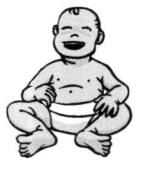

daa'ima
vauva

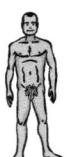

nama
mies

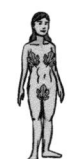

dubartii
nainen

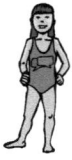

durba
tyttö

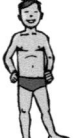

mucaa
poika

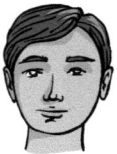

mataa
pää

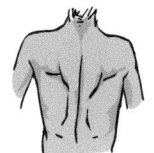

duuba

selkä

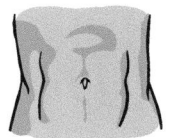

godhami

maha

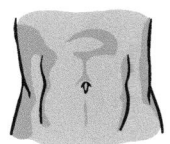

belly button

napa

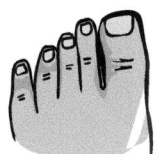

qubq miilaa

varvas

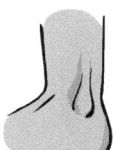

koomee

kantapää

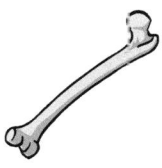

lafee

luu

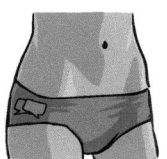

dirra

lantio

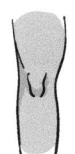

jilba

polvi

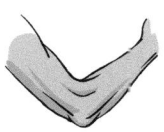

ciqilee

kyynärpää

fuunyaan

nenä

jala

takapuoli

gogaa

iho

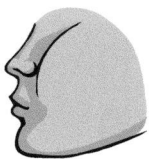

boqoo

poski

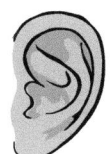

gurra

korva

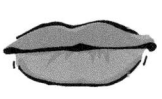

hidhii

huuli

afaan

suu

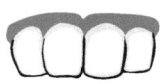

ilkee

hammas

arraba

kieli

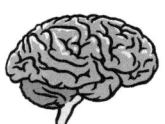

sammuu

aivot

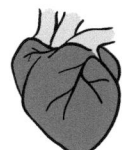

onnee

sydän

fon irree

lihas

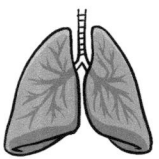

somba

keuhkot

tiruu

maksa

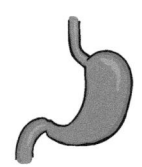

garaacha

vatsa

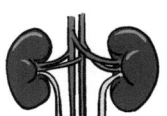

kaleewwan

munuaiset

wal qunnamitii saalaa

seksi

kondomii

kondomi

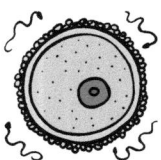

buphaa dubartii

munasolu

mi'oo

sperma

ulfa

raskaus

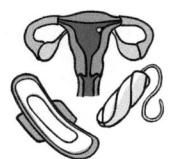

laguu ji'aa

kuukautiset

buqushaa

vagina

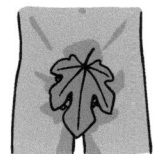

tuffee

penis

laboobbaa ijaa

kulmakarvat

rifeensa

hiukset

morma

niska

# hospitaala
# sairaala

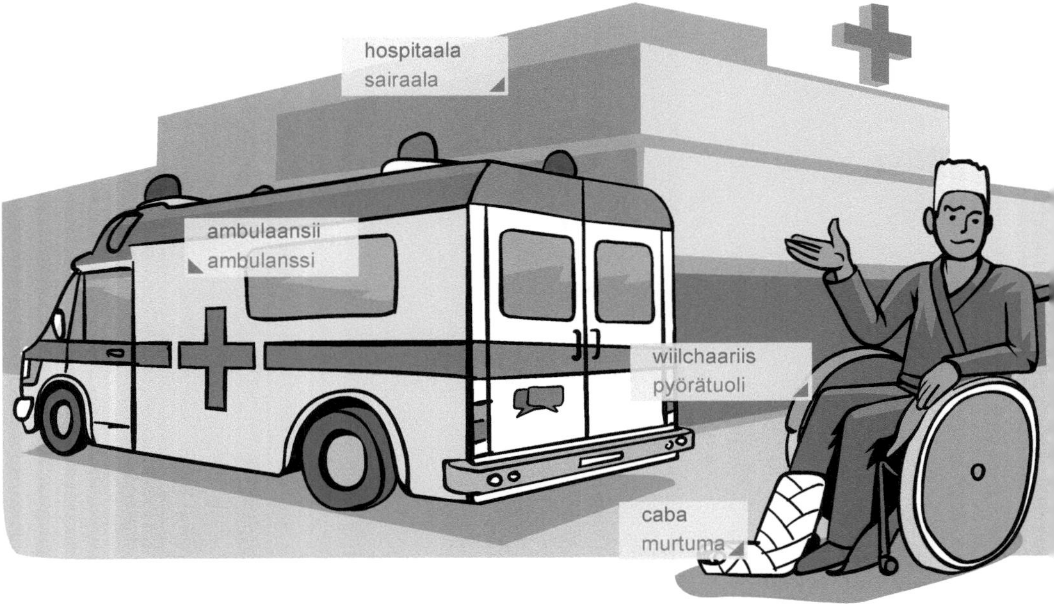

hospitaala
sairaala
ambulaansii
ambulanssi
wiilchaariis
pyörätuoli
caba
murtuma

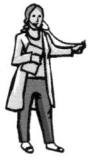

doktora

lääkäri

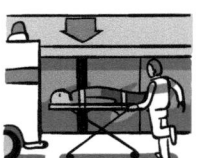

kutaa hatattamaa

ensiapu

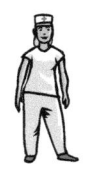

narsii

sairaanhoitaja

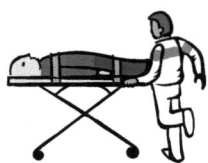

hatattama

hätätilanne

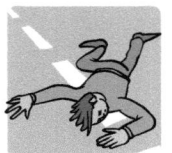

kan hin dammaqin

tajuton

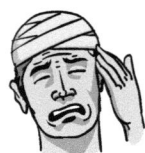

dhukkubbii

kipu

miidhhaa

vamma

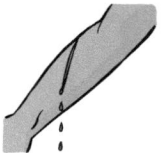

dhiiguu

verenvuoto

dhukkuba onnee

sydänkohtaus

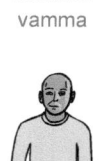

baay'ina dhiigaa

aivoinfarkti

hooqxoo

allergia

qufaa

yskä

oo'aa qaamaa

kuume

qufaa

flunssa

baasaa

ripuli

bowoo mataa

päänsärky

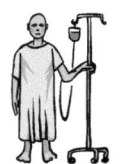

kaansarii

syöpä

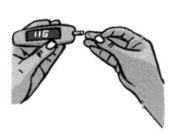

dhibee sukkaa-aa

diabetes

baqaqsanii hodhuu

kirurgi

halbee

veitsi

hojii

leikkaus

CT

ct

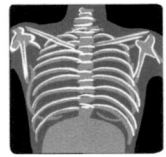

raajii

röntgen

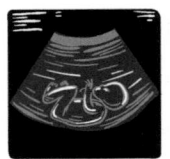

aaltraasaawandii

ultraääni

haguuggii fuuiaa

maski

dhukkuba

sairaus

kutaa haar galfii

odotushuone

hirkannaa

sauva

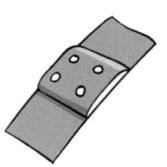

pilaastara

laastari

baandeejii

side

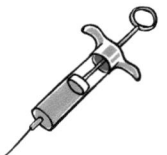

limmoo waraanuu

pistos

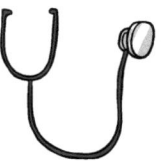

isteetskooppi

stetoskooppi

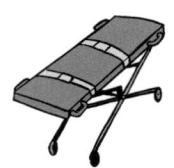

siree dhukkubsataa

paarit

termoo meetira klinikaa

kuumemittari

dhaloota

syntymä

ulfaatinaa ol

ylipaino

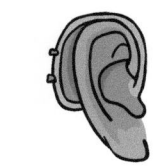

gargaaraa dhageettii

kuulolaite

qoricha aramaa

desinfiointiaine

miidhama keessaa

infektio

vaayirasa

virus

ECH AAIVII / EEDSII

HIV / AIDS

qoricha

lääke

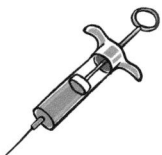

talaallii

rokotus

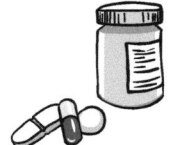

kiniinii

tabletit

kiniinii

pilleri

waamicha hatattamaa

hätäpuhelu

too'attuu dhiibbaa dhiigaa

verenpainemittari

dhukkuba / fayyaa

sairas / terve

gargaarsa!

Apua!

alaarmiis

hälytys

weerara

ryöstö

miidhuu

hyökkäys

suukaneessaa

vaara

baha hatattamaa

hätäuloskäynti

abidda

Tulipalo!

abidda dhaamisituu

palosammutin

balaa

onnettomuus

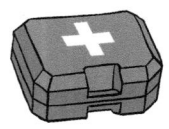

saanduqa gargaasa
calqabaa

ensiapulaukku

Sii'oosii

SOS

foolisii

poliisilaitos

awurooppaa

Eurooppa

ameerikaa kabaa

Pohjois-Amerikka

ameerikaa kibbaa

Etelä-Amerikka

afrikaa

Afrikka

eesiyaa

Aasia

awustraaliyaa

Australia

atilaantik

Atlantin valtameri

paasfiik

Tyynimeri

galaana hindii

Intian valtameri

galaana antaartikaa

Eteläinen jäämeri

galaana arkitiik

Pohjoinen jäämeri

polii kaabaa

pohjoisnapa

polii kibbaa

etelänapa

antaartikaa

Antarktis

dachee

maa

dachee

maa

garba

meri

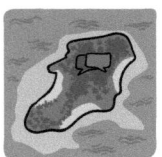

odola

saari

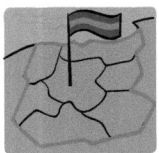

lammii

kansa

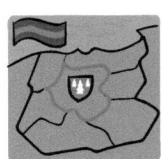

kutt biyyaa

osavaltio

clock face

kellotaulu

sa'aatii kana

tuntiviisari

daqiiqaa kara

minuuttiviisari

moofaa

sekuntiviisari

yeroon meeqa ta'ee?

Paljonko kello on?

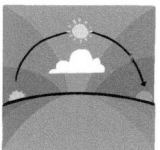

guyyaa

päivä

yeroo

aika

amma

nyt

sa'aatii diiskoo

digitaalikello

daqiiqaa

minuutti

sa'aatii

tunti

# torbee

## viikko

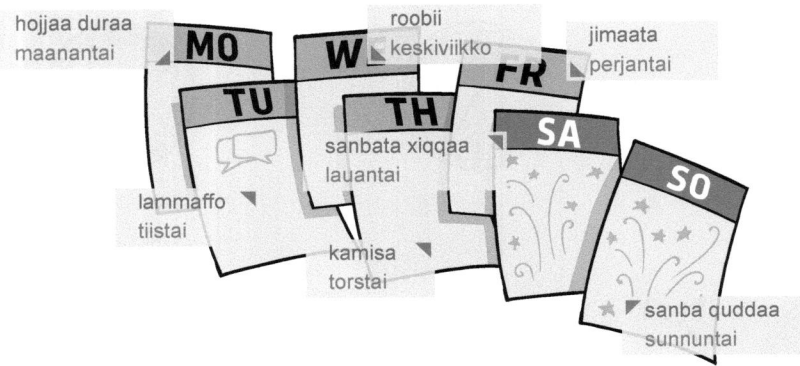

hojjaa duraa
maanantai

roobii
keskiviikko

jimaata
perjantai

lammaffo
tiistai

sanbata xiqqaa
lauantai

kamisa
torstai

sanba quddaa
sunnuntai

kaleessa

eilen

har'a

tänään

boru

huomenna

ganama

aamu

guyyaa qixxee

keskipäivä

galgala

ilta

guyyaa hojii

työpäivät

dhuma forbee

viikonloppu

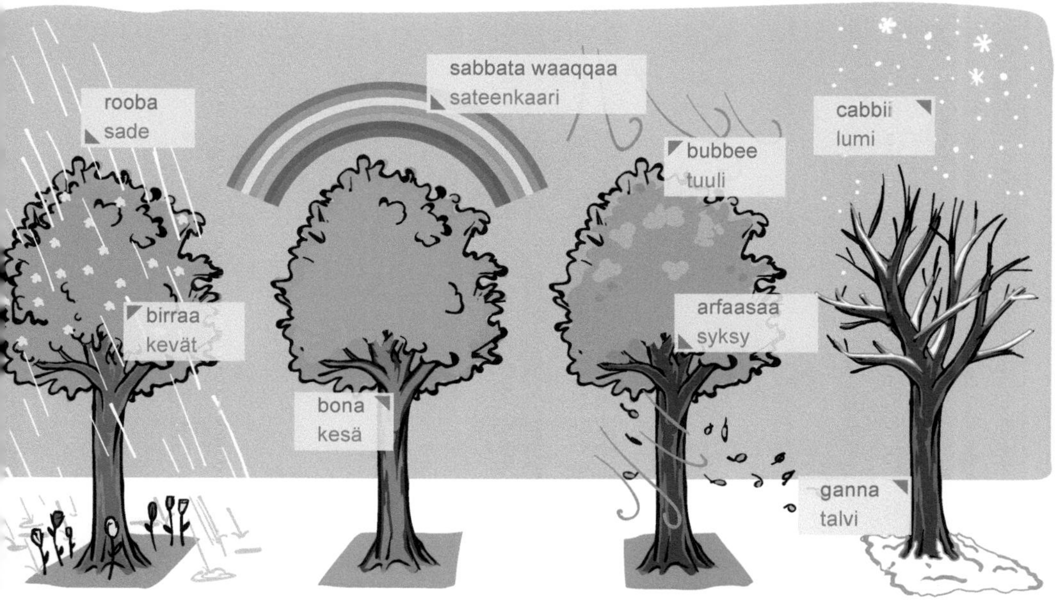

rooba
sade
sabbata waaqqaa
sateenkaari
bubbee
tuuli
cabbii
lumi
birraa
kevät
bona
kesä
arfaasaa
syksy
ganna
talvi


4.APRIL 11°
5.APRIL 4°
6.APRIL 13°
7.APRIL 8°
8.APRIL 10°


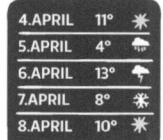

raaga haala qileensaa

sääennuste

F C
120 40
90 30
60 20
30 10
0 0
-30 -10
-20


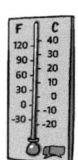

teermoomeetirii

lämpömittari

baha aduu

auringonpaiste

duumessa

pilvi

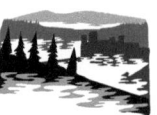

hurii

sumu

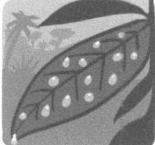

jiidha

ilmankosteus

bakakkaa
salama

balaqqee
ukkonen

dirrisa
myrsky

cabbii
rae

monsoon
monsuuni

lolaa
tulva

cabbie
jää

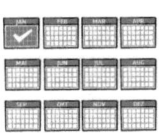

Amajjii
tammikuu

Gurraandhala
helmikuu

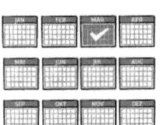

Bitootessa
maaliskuu

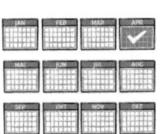

Eebila
huhtikuu

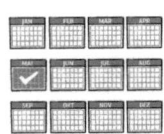

Caamsaa
toukokuu

Waxabajji
kesäkuu

Adooleessa
heinäkuu

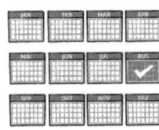

Hagayya
elokuu

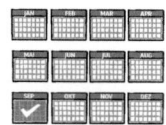

Fulbaana

syyskuu

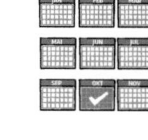

Onkololeessa

lokakuu

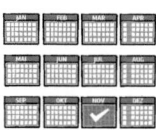

Sadaasa

marraskuu

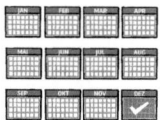

Muddee

joulukuu

geengoo

ympyrä

isqeerii

neliö

rog arfee

suorakulmio

rg sadee

kolmio

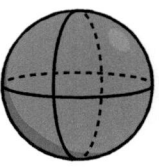

molaalee

pallo

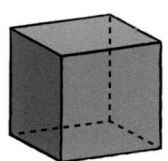

kuubii

kuutio

adii

valkoinen

boora

keltainen

keelloo

oranssi

boorilee

vaaleanpunainen

diimaa

punainen

bunnii

violetti

cuqliisa

sininen

magariisa

vihreä

magaala

ruskea

bulee

harmaa

gurraacha

musta

baay'ee / xiqqoo

paljon / vähän

aara / gammachuu

vihainen / ystävällinen

bareeda / fok‹uu

kaunis / ruma

calqaba / xumuura

alku / loppu

guddaa / xiqqaa

suuri / pieni

ifa / dukkar a

vaalea / tum·na

obboleessa / obboleettii

veli / sisko

qulqulluu / xurii

puhdas / likainen

xumuuramaa / kan hin xumuuramin

täydellinen / epätäydellinen

guyyaa / halkan

päivä / yö

du'aa / jiraa

kuollut / elävä

bal'aa / dhip·aa

leveä / kapɜa

kan nyaatamu / kan hin nyaatamne

syötävä / syömäkelvoton

badd / gaarii

paha / kiltti

gammachuu / ifannaa

innostunut / tylsistynyt

furdaa / qal'aa

lihava / laiha

calqaba / dhuma

ensimmäinen / viimeinen

michuu / diina

ystävä / vihollinen

guutuu / duwwaa

täysi / tyhjä

sakoruu / lalllaafaa

kova / pehmeä

ulfaataa / salphaa

painava / kevyt

beeluu / dheebuu

nälkä / jano

dhukkuba / fayyaa

sairas / terve

seer malee / seera qabeessa

laiton / laillinen

gaanfuree / dabeessa

älykäs / tyhmä

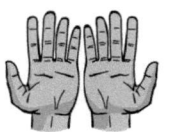

bitaa / mirga

vasen / oikea

maddii / fagoo

lähellä / kaukana

haara'a / moofaa

uusi / käytetty

homma / waan tokko

ei mitään / jotain

jaarsa / dargaggeessa

vanha / nuori

ibsuu / dhaamsuu

päällä / pois päältä

banuu / cufuu

auki / kiinni

callisuu / sagalee olkaasuu

hiljainen / äänekäs

sooressa / hiyyeessa

rikas / köyhä

sirrii / dogongora

oikein / väärin

sokorruu / lallaafaa

karhea / sileä

aara / gammachuu

surullinen / iloinen

dheeraa / gabaabaa

lyhyt / pitkä

qususaa / collee

hidas / nopea

jiidhaa / goggogaa

märkä / kuiva

oo'aa / qorraa

lämmin / viileä

lola / nagaa

sota / rauha

| **0** | **1** | **2** |
|:---:|:---:|:---:|
| duwwaa | tokko | lama |
| nolla | yksi | kaksi |

| **3** | **4** | **5** |
|:---:|:---:|:---:|
| sadis | afur | shan |
| kolme | neljä | viisi |

| **6** | **7** | **8** |
|:---:|:---:|:---:|
| jaha | torba | saddeet |
| kuusi | seitsemän | kahdeksan |

| **9** | **10** | **11** |
|:---:|:---:|:---:|
| sagal | kudhan | kudha tokko |
| yhdeksän | kymmenen | yksitoista |

**12**

kudha lama

kaksitoista

**13**

kudha sadi

kolmetoista

**14**

kudha afur

neljätoista

**15**

kudha shan

viisitoista

**16**

kudha jaha

kuusitoista

**17**

kudha torba

seitsemäntoista

**18**

kudha saddeet

kahdeksantoista

**19**

kudha sagal

yhdeksäntoista

**20**

diigdama

kaksikymmentä

**100**

dhibba

sata

**1.000**

kuma

tuhat

**1.000.000**

maliyoona

miljoona

Ingiliffa

englanti

Ingiliffa Ameerikaa

amerikanenglanti

Mandarinii chaayinaa

mandariinikiina

Afaan Hindii

hindi

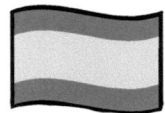

Afaan Speen

espanja

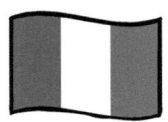

Afaan Faransaay

ranska

Afaan Arabaa

arabia

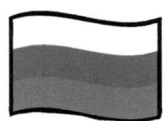

Afaan Raashaa

venäjä

Afaan Poortugaal

portugali

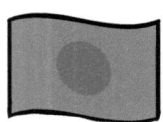

Afaan Beengaal

bengali

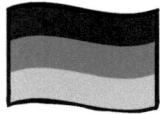

Afaan Jarman

saksa

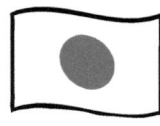

Afaan Jaappaan

japani

ana
.................
minä

si
.................
sinä

isa / ishii / isa / wantootaf
.................
hän

nu'ii
.................
me

isin
.................
te

isan
.................
he

eenyuu?
.................
kuka?

maal?
.................
mitä / mikä?

akkamitti
.................
miten?

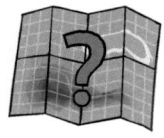

eessa?
.................
missä?

hoom?
.................
milloin?

maqaa
.................
nimi

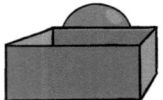

duuba

takana

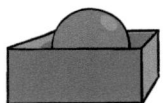

keessa

sisällä

fuldura

edessä

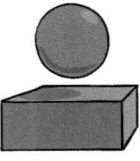

irra

yläpuolella

gubbaa

päällä

jala

alapuolella

maddii

vieressä

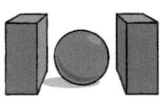

gidduu

välissä

bakkee

paikka